AF495516

# NÉCROLOGIE.



# NOTICE SUR M. SÉVIN,

PAR

**M. LACOUDRAIS.**

Le département de la marine et des colonies a fait, dans la personne de M. Sévin, commissaire-général au port de Brest, chevalier de Saint-Louis, commandeur de la Légion d'honneur, une perte qui a été profondément sentie. A sa mort (le 26 juin 1849), l'émotion fut vive, la douleur extrême parmi tous les honnêtes gens, soit de la marine de l'État ou de la marine commerciale, soit des autres classes de la société étrangères à la grande famille maritime. Sans nul doute, ce témoignage spontané d'estime et d'affection constituait la plus belle récompense qu'il fût possible d'offrir à une vie toujours pure. En la lui décernant, l'opinion publique voulut faire comprendre que les regrets unanimes dont il était l'objet ne s'arrêtaient pas, pour M. Sévin, au chef de service, au fonctionnaire d'un grade supérieur, quel que fût d'ailleurs, comme tel, son rare mérite; mais que ces regrets avaient, avec une portée plus étendue, une signification beaucoup plus caractéristique; qu'enfin, ils entendaient pénétrer jusqu'à l'homme lui-même, l'isoler des fragiles mobilités d'une position officielle, forcément dépendante, et l'apprécier, le juger, en toute équité, pour ses actes directs, pour ses constantes intentions, pour sa manière ingénieusement bienveillante d'interpréter, d'exécuter des ordres, quelquefois incohérents, quelquefois acerbes, selon les époques, mais qui n'étaient pas moins obligatoires, puisque, émanés de l'autorité centrale, ils étaient notifiés par la voie hiérarchique.

Parfaitement libre, parfaitement exempt d'influence, ce jugement, dès qu'il était remis au bon sens et à la bonne foi de populations restées aussi fidèles que les populations bretonnes aux vertus, aux traditions morales et religieuses de leurs pères, ne pouvait que lui être favorable: aussi l'a-t-il été complétement. En laissant parmi nous sa dépouille mortelle, Sévin, précédé des bénédictions du pauvre, qui se mêlaient au dernier tribut d'honneurs militaires réservé à son grade, s'est élevé vers un monde meilleur au bruit confus d'une terre agitée en tous sens par les discordes, l'ébranlement de la civilisation européenne, les ravages d'un fléau meurtrier, mais au bruit dégagé, purifié à son égard, de toute mauvaise passion humaine : son âme s'est élancée vers le ciel au retentissement prolongé dans les airs de ce mot suprême et vrai : *Vox populi, vox Dei!*

Oui, ce mot, *la voix du peuple est la voix de Dieu*, ce mot, à le prendre, non dans un sens judaïquement restreint, exclusif, fallacieux, comme l'esprit de parti l'a tenté dans nos tourmentes révolutionnaires, mais à le prendre dans un sens loyal, avec toute son étendue, avec sa patriotique signification ; oui, ce mot est vrai, en tout pays de chrétienté, comme l'enseignent les livres saints.

Oui, ce mot est vrai, surtout dans notre France où l'honneur, cet universel instinct, ce patrimoine commun, fait un seul et même peuple de tous ses enfants indistinctement ; où le courage, l'abnégation, la générosité native, se rencontrent souvent au même degré dans les diverses positions sociales, dans le sacerdoce comme dans l'armée : 1° dans le sacerdoce, depuis le saint archevêque de Paris tombant sur les barricades victime de ses desseins charitables, jusqu'au modeste curé des villages et des champs payant de sa personne, à toute heure de nuit et de jour, au milieu des foudres du choléra ; dévouement d'autant plus méritoire, qu'il est obscur, solitaire, sans expectative de récompense humaine, dévouement tout religieux et auquel s'associent avec héroïsme toutes les sœurs de charité, toutes les sœurs hospitalières, ces saintes femmes qui, dans leur humble et angélique modestie, voulant s'ignorer, quand chacun les apprécie, les bénit, font l'édification de la chrétienté, la gloire du catholicisme gallican, l'admiration du monde entier ; 2° dans l'armée, depuis le maréchal de France jusqu'au simple soldat, au soldat français combattant pour l'ordre social, et n'hésitant pas ensuite à partager fraternellement sa ration avec ceux qui la veille, dans leur aveuglement, combattaient contre lui pour chercher à tout bouleverser dans l'État.

Oui, ce mot est vrai, là où tant de liens forment et doivent resserrer de plus en plus le faisceau de l'unité française, entendue et contenue dans de sages limites, par rapport à tous les éléments, à tous les intérêts divers dont elle se compose dans les départements et dans la capitale.

Oui, lorsqu'en face de la mort, devant les ministres des autels, retentissent les hymnes, les cantiques, les vœux de ce peuple justement appelé *très chrétien* entre les diverses nations chrétiennes, le Tout-Puissant écoute favorablement de telles prières. En douter serait un blasphème.

C'est ce favorable accueil, que dans leur pieux élan les populations accourues de toutes parts pour rendre les derniers devoirs à M. Sévin, pleines de l'antique foi bretonne, animées du pur esprit de la religion catholique, sollicitaient de la grâce divine dans leurs ferventes invocations au Dieu protecteur de la France. Cette masse compacte de fidèles entourait, débordait de tous côtés le convoi officiellement convoqué. Les termes dans lesquels elle a exprimé ses sentiments de gratitude, ses religieuses espérances, sont trop dignes d'être médités pour ne pas les rapporter ici.

« Sur cette tombe entourée d'honneurs et de regrets si justement » mérités, l'humble voix de l'ouvrier demande aussi à se faire en» tendre. Faible organe des membres de la société de bienfaisance et » de secours mutuels, je viens dire en leur nom combien ils s'asso» cient vivement à la douleur que nous fait éprouver la perte de » notre chef vénéré. Nos bons ouvriers conserveront toujours reli» gieusement dans les archives de leur Société, la lettre qui leur fut » adressée récemment par l'honorable M. Sévin... Cette lettre té» moigne de tout ce qu'il y avait d'inépuisable bonté dans le cœur de » l'homme de bien dont la perte sera toujours vivement sentie par » tous ceux auxquels, malgré sa position élevée, il a daigné s'associer » comme membre honoraire et bienfaiteur de leur œuvre nais» sante... Adieu, ami si dévoué de nos bons ouvriers et de leurs » pauvres et nombreuses familles... Ils ne cesseront de demander dans » leurs prières de chaque jour au souverain dispensateur de toutes » les grâces celle de vous faire trouver dans son sein la récompense » de vos vertus(1) ».

Ce même adieu touchant des gens de mer, ouvriers et marins, prononcé les yeux levés vers le ciel, était aussi, dans tout le reste du cortége, adressé non pas uniquement, répétons-le, au délégué du pouvoir, mais surtout à l'homme lui-même, à l'homme de bien plein de désintéressement, de franchise et de loyauté, doué d'une sensibilité vraie, d'une grande bonté naturelle, et chez qui ces nobles qualités s'étaient encore perfectionnées au contact d'une chaleureuse sympathie pour le malheur, dans quelque position sociale, sous quelque forme que le malheur s'offrît à ses yeux, quand il n'était pas le résultat d'une conduite blâmable.

Maintes fois, au surplus, la remarque en a été faite. Cette admirable disposition de l'âme à compatir au malheur immérité, si féconde en procédés délicats toujours chers aux infortunés, si gracieusement

(1) Discours de M. Lefloch, de Lambezellec : voir *l'Océan*, du jeudi 28 juin 1849.

ingénieuse à les soutenir, à les consoler, tantôt par des actes, tantôt par des paroles, semble être providentiellement échue en partage à ceux-là dont la propre carrière, déviant brusquement des chances avantageuses qui paraissaient devoir l'entourer, la protéger, s'est ouverte, au contraire, sous le coup des vicissitudes et des épreuves pénibles suscitées par nos trop fréquentes tempêtes politiques.

A ce titre, comme on le verra bientôt, personne plus que M. Sévin ne pouvait ressentir cette prédisposition compatissante ; personne plus que lui ne devait incliner à la conserver, et ne la conserva effectivement dans toute sa pureté, dans toute son expansion chrétienne, après qu'il se fut trouvé porté par le seul mérite de ses services, de grade en grade, à l'une des positions les plus élevées de son corps, et après qu'il eut obtenu, avec non moins de justice, dans les deux ordres de récompenses honorifiques, d'abord la croix de Saint-Louis, puis, et successivement à des intervalles toujours renfermés dans les limites du droit et des statuts, celles de chevalier, d'officier et de commandeur de la Légion-d'Honneur (1). Malgré cette élévation, jamais il n'a cessé d'être d'un accès facile joint à une grande douceur pour les individus dénués des avantages de la fortune. Souvent il lui arrivait de se laisser déranger au milieu d'occupations graves et urgentes, afin de ne pas donner la peine aux malheureux de revenir deux fois, et de s'imposer pour cela le sacrifice d'une partie de la journée, par conséquent d'une portion des faibles salaires qui servent à payer le pain quotidien de la famille. Il s'en serait fait scrupule. C'était d'ailleurs pour lui un besoin de ne pas différer à faire entendre à ces pauvres gens quelques paroles de consolation ou d'espérance. Les affaires n'en souffraient nullement ; elles n'ont jamais souffert aucun retard sous son administration expéditive autant que sage et vigilante, parce que le temps qu'il avait donné à ces audiences pleines d'une bonté charitable, il le retrouvait avec usure en prolongeant ses veilles. « Devançant le jour, il ne » quittait son cabinet que longtemps après que ses collaborateurs » avaient déposé momentanément le fardeau des affaires (2). »

En cours de service, soit dans ses rapports d'égal à égal, soit dans ses relations avec des fonctionnaires d'un rang supérieur au sien, il paraissait habituellement ne pas se rappeler ce qu'il tenait de son grade élevé ainsi que d'une grande valeur personnelle : sa modestie

(1) Chevalier de Saint-Louis le 22 mai 1825 ; chevalier de la Légion-d'Honneur le 5 mars 1831 ; officier de la Légion-d'Honneur le 30 avril 1839 ; commandeur de la Légion-d'Honneur le 26 avril 1846.

(2) Extrait littéral du discours de M. *Bonifaccio*, commissaire de la marine : voir le journal de *l'Océan*.

évitait de le montrer ; jamais il ne le faisait sentir, à moins donc que quelqu'un des assistants, mal inspiré, n'osât affecter de le méconnaître volontairement. Soudain alors son attitude et son langage faisaient justice de l'inconvenance ; sentant parfaitement que telle chose à laquelle il suffirait, en certains cas, d'opposer personnellement un dédain silencieux, change de caractère et ne peut plus se tolérer du moment où elle porte atteinte, devant des tiers, à la dignité du corps tout entier représenté par son chef, dans les délibérations ouvertes sur des affaires d'une nature mixte.

Non seulement son exquise politesse dans les salons, bien connue de la haute société à Paris, était proverbiale à Brest comme à Lorient ; non seulement dans les conférences son langage portait le cachet d'une extrême urbanité, mais, de plus, il joignait à la parole courtoise et persuasive le don d'une parole mâle, puissamment efficace, lorsqu'il la faisait entendre dans ses allocutions aux classes populaires, surtout aux marins et aux ouvriers qui, soit pour une cause, soit pour une autre, s'étaient laissé entraîner à s'écarter du devoir et de l'obéissance envers l'autorité. Plus loin, on en verra un exemple saillant entre beaucoup d'autres.

Comme chef du personnel administratif réparti dans les services du port de Brest et dans les nombreux quartiers et sous-quartiers du littoral étendu qui relèvent du port, ses instructions, ses conseils, quelquefois ses admonestations données de vive voix ou par écrit, ont constamment tendu à maintenir l'ordre, à affermir l'esprit de discipline. A cet égard, le corps lui doit beaucoup. Dans les commencements, il lui fallut lutter, sévir même à son regret, contre quelques habitudes qui étaient en désharmonie avec les prescriptions d'une subordination exacte : il lui fallut d'ailleurs suppléer, journellement, à l'insuffisance des règlements actuels, en ce qui touche les moyens dont les commissaires généraux auraient besoin pour connaître à fond, et à temps, de la marche d'une multitude d'affaires qui naissent, se compliquent, et finalement se trouvent plus ou moins mal engagées loin du chef-lieu où ils résident. M. Sévin sut y aviser. Sa parfaite intelligence pratique de toutes les matières de l'inscription maritime, jointe à la force morale qu'il tirait de sa haute raison, de son tact, de son caractère à la fois ferme et conciliant, l'ont aidé à rendre facile ce qui était utile, à résoudre par lui-même tout ce qui pouvait être résolu localement, sans en reporter, comme cela n'est que trop commun, l'embarras jusqu'au pouvoir central ; enfin à surmonter des obstacles qui, pour un autre administrateur en chef, auraient été probablement invincibles.

A l'envisager dans ses traits principaux, voilà quelle a été la seconde période, la période élevée de la vie administrative de M. Sévin : voilà comment, après être arrivé péniblement, pas à pas, toujours par le droit chemin, au sommet de la carrière, il a fait usage de la part d'autorité attribuée au grade dont il était revêtu. Il reste, pour éclairer l'ensemble du tableau, à jeter un coup d'œil rétrospectif sur son origine, son début, et à mettre succinctement en relief les circonstances dans lesquelles, depuis le point de départ, il s'est distingué de diverses manières, dans la première partie de sa vie.

M. Sévin (Jean-Baptiste-Louis), né à Versailles, le 8 février 1784, était issu d'une famille qui, depuis longtemps, occupait des emplois supérieurs dans les bureaux détachés près de la cour, et qui possédait aussi des charges dans la maison des princes. Son aïeul avait été médecin de l'infante d'Espagne. Son père, en même temps qu'il était chef principal dans les bureaux de la guerre, exerçait les fonctions de contrôleur de la maison de madame la comtesse d'Artois. Sa mère était placée près de la personne de madame Victoire de France, tante de l'infortuné Louis XVI. Tous deux voulurent accompagner sur la terre d'exil les princes qui leur avaient donné, en d'autres temps, des marques particulières d'intérêt et de bonté. Confié, encore enfant, à des parents éloignés, le jeune Sévin fit ses premières études à Paris, et débuta, en 1803, dans le service administratif des fonderies de la marine à Ruelle. Bientôt après, les hostilités ayant été reprises avec l'Angleterre, M. Sévin voulut entrer dans l'administration des ports militaires. A peine arrivé à Lorient, à peine assis au bureau des armements, ses inclinations naturellement martiales le portèrent à solliciter d'être embarqué, et sur ses instances réitérées, il obtint, en février 1805, de faire, comme agent comptable, partie de l'état-major de la frégate *la Cybèle*, commandée par M. le capitaine de vaisseau Saizieu, le même que l'on a vu plus tard servir avec distinction, à la tête des marins de la garde impériale. Cette campagne fut pleine d'incidents périlleux de guerre et de navigation. Elle fut longue, suivant une pensée dominante de l'empereur. Cette pensée était de prolonger, le plus possible, la durée des croisières sous voiles, en vue de former de véritables matelots de marine militaire, et de véritables officiers de bord, de ces officiers éminemment pratiques du double métier de la mer et de la guerre (1).

---

(1) Voir la correspondance de Napoléon avec le vice-amiral Decrès, ministre de la marine, et spécialement la lettre datée de Saint-Cloud, le 17 septembre 1805, t. Ier, p. 164. On y lit..... « Toute croisière calculée pour rentrer après six mois en France sera une mauvaise croisière..... Les instructions des différentes croisières seront que, si elles peuvent s'approvisionner, elles doivent rester en mer au moins pendant quatorze mois..... Le résultat sera de former de bons officiers et de bons matelots. »

La *Cybèle*, en effet, tint le large pendant trois années, lesquelles furent employées à croiser sur les côtes d'Afrique, du Brésil, des État-Unis, dans les mers des Antilles, etc., etc.

Pour un premier essai de navigation, pour une première épreuve à subir, non par un enfant du littoral armoricain ayant naturellement le pied à peu près marin, mais par un enfant de Seine-et-Oise, les circonstances apparaissaient assez rudes. Pas un seul moment, néanmoins, l'attitude de M. Sévin dans cette campagne ne fut indécise : il y déploya, en différentes occasions, l'activité, la bravoure unie au sang-froid qu'il a ensuite montrées, avec éclat, autant de fois que les événements d'une carrière variée lui en ont offert les moyens. Bon juge, assurément, en fait de vaillance, le commandant de Saizieu, après avoir retracé le danger où la frégate *la Cybèle* s'était trouvée à plusieurs reprises, s'exprime dans un document daté de Port-Louis, dans les termes suivants :

« M. Sévin, qui, par son état d'administrateur, n'était pas tenu de » remplir les devoirs d'un marin, n'écoutant que son courage, don- » nait l'exemple de l'activité dans les travaux, portait mes ordres, » les faisait exécuter, et me rendit les services les plus signalés. Il » contribua puissamment au redressement de la frégate et à son » salut... Pendant la campagne, sa conduite a toujours été la même » dans les occasions difficiles et périlleuses... M. Sévin n'a jamais » dévié de cette fermeté de caractère qui constitue l'homme d'hon- » neur et de résolution... Il est impossible de trouver un officier » plus généreusement brave que lui... »

Est-il besoin d'ajouter qu'après l'examen approfondi de cette première gestion embrassant les trois exercices 1805 — 1806 — 1807, les commissions déclarèrent que M. Sévin y avait apporté beaucoup de soin, d'ordre, et la plus austère probité. Ainsi, il débutait dans la comptabilité administrative, en y montrant l'intelligence, en y professant et pratiquant les principes dont il ne s'est jamais départi dans les nombreux comptes pour emploi de matières ou de deniers, qu'il s'est trouvé dans le cas d'avoir à rendre administrativement, touchant soit la marine ou les colonies, soit l'établissement des invalides pendant une longue suite d'années.

La capacité, le noble désintéressement, le courage brillant dont M. Sévin avait fait preuve sur la frégate *la Cybèle*, l'ayant, de prime abord, classé au nombre des sujets les plus distingués, il ne tarda pas à obtenir la confiance intime du chef d'administration du port de Lorient, alors M. Redon. Placé à la tête de son cabinet, il remplit ce poste, souvent difficile, toujours délicat jusqu'en 1811. Là sa position le mettant en évidence, il ne pouvait manquer d'être bientôt parlé d'établissement. D'un esprit vif et cultivé, de manières avenantes, d'un caractère fort sociable, d'une dextérité remarquable à tous les exercices, bien partagé pour la taille et la figure, en un mot réunissant au moral et au physique, ce qui constitue le cavalier accompli, il lui aurait été aisé de trouver à réparer par un mariage de fortune les effets désastreux du coup dont sa famille avait été atteinte et qui lui avait enlevé son héritage et ses appuis naturels.

Toutefois, il était trop désintéressé pour qu'il lui vînt en pensée de viser à la richesse. Il préféra s'allier à une famille depuis longtemps connue en Bretagne, par les sentiments les plus dignes de l'estime générale, famille nombreuse et dont le chef, M. Lefort, était l'un des doyens de l'administration de la marine. Il demanda et obtint la main de l'une de mesdemoiselles ses filles (1). Cette union, dans laquelle il n'avait écouté que le vœu de son cœur et qui lui avait ainsi donné une compagne absolument de son choix, a été pour lui la source du bonheur domestique, embellissant son existence dans les jours de prospérité, lui apportant surtout de précieuses consolations dans les épreuves cruelles qui lui étaient réservées.

Quand un ordre de l'Empereur eut appelé M. Redon, avec le titre de secrétaire-général au conseil de marine institué par décret du 24 juillet 1810, auprès de M. Decrès (2), et qui se composait d'un vice-amiral (Ganteaume) et de trois hommes éminents de l'administration (MM. de Caffarelli, Malouet et Najac), on proposa à M. Sévin de reprendre du service à la mer. Il s'agissait, cette fois, d'aller remplir les fonctions de commissaire de l'escadre réunie sous les ordres de M. le contre-amiral Troude, dont le pavillon flottait à bord du vaisseau *le Courageux*, en rade de Cherbourg. M. Sévin accepta avec tout l'empressement de son humeur chevaleresque, une destination qui r'ouvrait pour lui les hasards périlleux de l'embarquement en temps de guerre. Il sut, par continuation, s'acquitter parfaitement des doubles devoirs qui sont imposés, sous le rapport administratif et sous le rapport militaire, aux commissaires d'escadre (3) : à ce point que M. le contre-

---

(1) Mademoiselle Zoé, Marie-Joséphine. 23 mai 1808.

(2) Le texte de ce décret impérial très peu connu, est inséré aux annexes de la brochure de M. Lacoudrais, intitulée : « *Vues pratiques sur la fondation de colonies penales et de colonies libres.* (Charpentier, galerie d'Orléans, 16; Rousseau, 96, rue de Richelieu).

(3) Ordonnances de 1689 et du 31 octobre 1837. L'article 556 de l'ordonnance de 1837 dispose en ces termes : « Pendant le combat, le commissaire de l'armée se tiendra auprès du commandant en chef. »

En fait, la plupart des commissaires d'armée ou d'escadre, employés en emps de guerre, ont été tués ou blessés, depuis M. le commissaire général

amiral Troude n'hésita pas à demander pour lui la décoration de la Légion-d'Honneur.

Bientôt, cependant, survinrent les événements de 1814 et de 1815 qui amenèrent la chute de l'Empire, puis la Restauration interrompue dans sa première phase, par l'épisode des Cent-Jours. On sait quelles en furent les conséquences pour les cadres de la marine et de l'armée! On se souvient si les faveurs, si les grâces de tous genres, avancements, pensions, décorations de Saint-Louis, décorations de la Légion-d'Honneur, vieux titres restitués ou amplifiés, titres nobiliaires de nouvelle création, manquèrent aux personnes dont les antécédents, à la cour de Versailles, présentaient une sorte d'analogie avec ceux de la famille de M. Sévin. Tant d'exemples auraient pu l'entraîner; ils ne l'ébranlèrent pas. Ses camarades ont à lui tenir compte de n'avoir pas cherché alors à se prévaloir de pareilles chances, à son profit et à leur préjudice, pour les devancer dans la commune carrière, ou pour les froisser dans leur amour-propre. Il appartient à l'un d'eux de rappeler ici, qu'au milieu de ces promotions perturbatrices, de ces subites ascensions, au milieu de ces vanités à la fois frivoles et fougueuses, M. Sévin, le sous-commissaire d'armée en 1813, M. Sévin, qui avait fait pourtant sept campagnes de guerre, était, quatre ans plus tard, en 1817, sans titre nobiliaire, sans décoration aucune, encore sous-commissaire chargé de l'inscription maritime au quartier de Dieppe, qui relève du port et sous-arrondissement du Havre. Là, tout à coup, dans une émeute formidable, il déploya une nouvelle fois le courage intrépide, la présence d'esprit, la puissante force d'entraînement que sa parole énergique et chaleureuse exerçait sur les gens de mer tumultueusement assemblés. Ce trait, si glorieux, est constaté dans les termes suivants, à la date du 24 janvier 1817, par l'honorable M. Chabanon, qui, après avoir été secrétaire-général du ministère, sous l'administration de M. Ma-

---

de la marine Trubert, tué le 25 juin 1669 devant Candie, et M. le commissaire Du Tremblay, tué sur l'escadre aux ordres de Lahaye, dans les mers de l'Inde, jusqu'à M. le commissaire de la marine Jaubert, tué au combat d'Aboukir. Sur les témoignages relatifs à MM. de Saint-Sulpice, Bonrepos, Arnoul, Vauvré, voir les comptes rendus à Louis XIV par MM. de Château-Renault, d'Estrée et de Tourville. Voir spécialement les lettres de M. de Tourville, datées, la première du 11 juillet 1690, à six lieues du cap de Bevéziers, et de Torbay, le 2 août. Ce fut après le combat de Bevéziers, livré contre les forces navales réunies de l'Angleterre et de la Hollande, qu'il fut frappé des médailles représentant le roi vainqueur par terre (bataille de Fleurus) et par mer (combat de Bevéziers), ayant dans un des coins pour légende: « *Imperium maris assertum.* » Le nombre total des officiers généraux de l'armée de mer était alors de seize, tout compris, et sur ce nombre, il y en eut neuf qui prirent part au glorieux combat de Bevéziers.

louet, décédé ministre de la marine, était alors commissaire-général chargé du service au port et sous-arrondissement du Havre.

« Le 18 de ce mois, dans un moment où les populations maritimes » de Dieppe et du Pollet, exaspérées par la rareté des grains, étaient » sourdement excitées à la révolte, M. Sévin sut, avec autant d'ha- » bileté que de dévouement, user de son influence pour les contenir. » Prévenu par les autorités locales de la fermentation des esprits, » des rassemblements qui se formaient sur les quais et du départ de » soixante marins du Pollet, annonçant le projet de piller sur les » routes les voitures de grains, il parvint à conjurer l'orage... Enfin, » dans le moment où, faute de troupes et de moyens de répression, » l'autorité civile redoutait le pillage et l'incendie de plusieurs mai- » sons de la ville, on vit 1,000 à 1,200 marins obéissant à la voix de » leur chef, dans lequel ils avaient une entière confiance, abandonner » de sinistres projets, remonter sur leurs embarcations et reprendre » paisiblement l'exercice de leur industrie.

» Ces faits, ajoute M. Chabanon, ces faits dont la modestie de » M. Sévin avait tu une partie, mais que les diverses autorités de » Dieppe ont elles-mêmes proclamés dans ce moment de crise, par » l'expression de leur gratitude, complètent à l'égard de M. Sévin » et de sa courageuse conduite, les témoignages rendus par le brave » commandant de Saizieu, et lui ont acquis de nouveaux droits à » la décoration de la Légion-d'Honneur. »

Promu, en 1821, au grade de commissaire de la marine, M. Sévin fut appelé à servir en qualité d'ordonnateur au Sénégal, où l'on tentait alors, à grands frais, des essais de cultures nouvelles, sur les plans d'un esprit aventureux, improvisé gouverneur de l'établissement, plans auxquels il fallut renoncer quelques années plus tard, après y avoir dépensé des sommes considérables. Au titre de ses fonctions, et selon les instructions qui lui avaient été données à son départ, l'ordonnateur n'avait pas à s'immiscer dans les opérations du système de culture avec primes, et d'achats ou de concessions de terrains dont le gouvernement avait, sur des rapports inexacts, autorisé, puis prolongé la coûteuse expérience. M. Sévin eut soin de l'éviter, laissant ainsi la responsabilité pleine et entière de cette faute à qui elle devait revenir. Mais c'était un droit, ou plutôt un devoir inhérent à sa charge, d'apporter tous ses soins, toute sa vigilance à maintenir l'ordre et la régularité dans les diverses parties du service administratif et du régime financier. Il ne tarda pas à démêler que le trésorier de la colonie, choisi en dehors et au préjudice des candidatures naturelles du département, s'était écarté des formes prescrites en matière de comptabilité, et sur lesquelles reposent les meilleures garanties du maniement des deniers publics. Il sonda plus avant, il multiplia les vérifications inopinées ; enfin, de proche en proche, son œil scrutateur plongea jusque dans les derniers détours de documents, de registres entachés d'inexactitudes volontaires, et malgré les dégoûts, les entraves, les obstacles qui lui furent suscités localement, il parvint, grâce à une puissance peu commune d'investigations, jointe à un dévouement admirable à la religion du devoir, il parvint à ces trois résultats : 1° à découvrir et à constater que depuis longtemps déjà le comptable, ancien employé sortant des bureaux du ministère des finances, était dans un état de déficit masqué par ses écritures ; 2° à faire rentrer tout ce qu'il fut possible de récupérer sur ce débet ; 3° à faire dresser sur la base du vrai, et à transmettre les comptes du trésorier déficitaire, qui étaient en retard de plusieurs années. Ce fut là un service éminent.

A son retour en Europe, en 1824, une tâche des plus difficiles à remplir lui fut confiée sur la proposition de feu M. le conseiller d'État Boursaint (1), de vénérable mémoire, qui professait pour sa capacité et pour sa droiture une grande estime. Il s'agissait de prési-

---

(1) M. Boursaint, né en Bretagne, qui avait été également commissaire d'escadre, et qui, en 1808, avait fait, en cette qualité, la campagne de Corfou dans l'armée navale aux ordres de l'amiral Ganteaume, est mort directeur des fonds et invalides en 1833. Une notice, tracée sous l'impression d'une profonde douleur par la même plume que celle qui s'efforce d'accomplir ici pareil devoir, l'a peint en ces termes : « Aux plus riches facultés » de l'esprit, à un caractère naturellement ferme contre tout ce qui était » fort, inflexible contre tout ce qui devenait entreprenant, mais plein de » bienveillance pour le faible et le pauvre, M Boursaint joignait les sentiments d'une âme noble et pure : elle s'est reflétée une dernière fois dans » l'acte dont nous publions ici un fragment. Testament. Je donne mon » âme à Dieu. Je confesse, en mourant, la foi catholique, apostolique et » romaine..... 1° Je donne à l'hôpital de Saint-Malo 100,000 fr., qui seront » employés à l'achat d'une inscription de 5,000 fr. (rente 5 pour 100) sur » le grand-livre, et destinés à fonder dans ledit hôpital douze lits de matelots. 2° Je donne aux pauvres de Saint-Malo 5,000 fr. en cinq ans. » M. le curé sera supplié d'avoir la bonté de les leur distribuer en petites » sommes. 3° Je donne aux deux prêtres les plus pauvres de Saint-» Malo 2,000 fr. en quatre ans, à charge de dire, chaque année, cent » messes pour le repos de mon âme. 4° Je donne à la caisse des Invalides » de la marine, dont j'ai été longtemps l'administrateur désintéressé et » fidèle, 10,000 fr. en une rente de 500 fr. (5 pour 100) sur le grand-» livre. Le produit de cette rente sera ajouté au fonds de secours, et » distribué annuellement, sur les propositions du commissaire aux classes de Saint-Malo, aux dix veuves de matelots les plus pauvres de » cette ville. Si, à Dieu ne plaise, la caisse des Invalides sortait des » mains du ministre de la marine, la rente acquise de mes deniers retournerait à mon cousin Thomas Boursaint, et après lui à ses héritiers, pour » être employée à perpétuité au même usage, avec le concours nécessaire » du commissaire aux classes de Saint-Malo. »

der une commission chargée d'étudier, d'éclairer, sous tous les points de vue, les circonstances d'une soustraction de valeurs, artificieusement opérée chez le trésorier général des Invalides de la marine, ancien officier d'une intégrité parfaite, par un de ses commis qui se livrait sous main à des jeux de bourse. Le travail de cette commission atteignit parfaitement le but indiqué. Du reste, toutes les fois que l'établissement des Invalides devint ensuite l'objet d'attaques irréfléchies, le point de mire d'une fausse théorie, surtout l'objet de *vues spoliatrices*, il accourut des premiers sur la brèche *pour défendre la propriété collective* de la grande famille des hommes de mer de toute dénomination et de tout grade.

Placé au quartier de Rouen, en attendant quelque vacance d'un ordre supérieur, M. Sévin y formula, en 1824, dans l'enquête sur les causes de la cherté comparative de la navigation française (question vitale s'il en fut, et dont la solution, malheureusement, n'est guère plus avancée en 1849 qu'elle ne l'était il y a vingt-cinq ans), un avis développé très remarquable sous plusieurs rapports. Il y trouva, entre autres choses, l'occasion de signaler la fausse route où des ordonnances et règlements de date ancienne ont engagé le département, en interdisant de laisser naviguer comme mousses, par continuation, les enfants et adultes du littoral, généralement fils de matelots, dès qu'ils ont accompli leur quinzième année, réunissant alors cinq à six ans de mer. Beaucoup de ces petits marins, qui ont le goût, les habitudes du métier, et qui formeraient chez nous une pépinière excellente, comme ils en forment une chez plusieurs nations maritimes, particulièrement celles du Nord, échappent néanmoins à l'inscription maritime, faute de pouvoir trouver à s'embarquer sur les bâtiments du commerce dans le grade immédiatement au-dessus de celui de mousse, qui est le grade de novice-matelot, et pour lequel on exige généralement plus de force : en sorte que, repoussés de la marine, ils vont augmenter encore ces nombreuses recrues d'apprentis ouvriers qui surabondent partout dans les ateliers et dans les usines. De là, simultanément deux inconvénients fort graves. Les idées de M. Sévin participaient, à ce sujet, de celles de M. le vice-amiral Grivel, ancien préfet maritime, qui a souvent insisté pour l'accroissement des compagnies de mousses. Cette mesure avait obtenu l'approbation de M. l'amiral Duperré, juge si compétent dans toutes les choses de la mer ; et aux yeux de M. Sévin, elle était devenue extrêmement urgente, depuis que des utopistes, sous prétexte de mieux combattre le paupérisme, font effort pour imposer en masse, à la marine militaire, le pesant fardeau des enfants trouvés et abandonnés, perdant de vue : 1° que le métier de la mer, loin de s'accommoder des rebuts de la société, exige, au contraire, avec la force corporelle, la santé la plus robuste et toutes les qualités morales; 2° que d'ailleurs nos marins, presque tous mariés, ont des familles nombreuses, et qu'il serait en même temps contraire aux intérêts de la flotte et contraire aux principes de la justice, aux premières notions de l'équité, d'évincer leurs propres enfants d'une carrière à laquelle ils sont bien préparés, ou, disons mieux, d'une carrière qui leur appartient de droit, pour aller prendre dans tous les hospices de France des recrues de pareille origine.

M. Sévin, nommé commissaire principal en 1831, et appelé à Paris pour y faire partie d'une commission chargée d'élaborer des projets sur l'inscription maritime, fut ensuite désigné pour aller remplir les fonctions de chef d'administration au port de Lorient. Si d'un côté, c'était revenir au sein de sa famille adoptive, rentrer d'ailleurs en Bretagne, son domicile maritime de prédilection, et y rentrer après en avoir été éloigné pendant vingt ans, d'un autre côté, c'était accepter la mission souvent épineuse à se faire obéir de ceux-là dont il avait été l'égal, quelquefois même le subordonné au temps de sa jeunesse. Il s'appliqua à tout ménager, à tout concilier. Il y réussit : et, chose rare, il sut tenir dignement son nouveau rang, exercer avec une grande autorité toutes les fonctions de son grade élevé, sans perdre néanmoins, ni même sans voir diminuer le moins du monde l'affection dévouée d'aucun de ceux avec qui il avait originairement servi, dans une position toute différente.

Plusieurs questions avaient été soulevées devant les chambres législatives, pendant l'administration si mémorable de M. l'amiral Duperré, notamment celles : 1° d'Indret; 2° du contrôle; 3° de la comptabilité-matières; et dans sa loyauté habituelle, l'illustre amiral avait promis de faire examiner ces trois questions et quelques autres afin de donner satisfaction à ce qui pourrait être reconnu fondé dans ces réclamations diverses, réclamations portant sur des faits dont l'origine remontait généralement à une date antérieure à celle de son entrée au ministère. Des commissions ayant été formées pour approfondir ces matières, le soin de présider la commission d'Indret fut confié à M. Sévin. Il s'en acquitta de manière à recevoir des remerciments. Son expérience avait été également consultée sur les autres points. Il avait émis l'avis que tout en ne refusant aucune communication, en ne déclinant aucune vérification, et loin de là, en offrant, en facilitant, en provoquant l'*enquête parlementaire*, comme l'avait fait avec courage, avec succès l'établissement des Invalides, en l'année 1832, on s'attachât à simplifier les rouages, surtout à diminuer le développement immense, écrasant, donné aux pièces dites probantes et aux écritures : vieille plaie de la plupart des services publics et particulièrement des services de la marine et des colonies (1). Sur une autre matière, sur la question des bagnes qui se trouva engagée, en mai 1844, lorsqu'il était à Paris, il énonça l'opinion que les intérêts de la moralité publique, de la sécurité générale, de la conservation des riches dépôts concentrés dans nos ports militaires s'accordaient avec les intérêts les plus manifestes de la classe ouvrière de ces mêmes ports, classe si nombreuse et si digne de la sollicitude du gouvernement pour demander la translation des galériens au delà des mers. Jusqu'à la fin de sa vie, cette pensée l'a occupé, tant il était frappé, et du danger imminent de la situation pour les arsenaux, et du bien-être notable qui résulterait de l'évacuation des bagnes pour nos ouvriers de la marine et pour leurs pauvres et honnêtes familles.

Pendant la durée de ses fonctions au port de Lorient, aimé, respecté du personnel administratif, en bon rapport avec les chefs des autres corps, apprécié, comme il devait l'être, des différents préfets maritimes, par conséquent jouissant d'une grande considération, d'une confiance entière de leur part, ses relations, dans un autre cercle, avec les notabilités du pays, adonnées soit aux différentes branches du commerce, de l'industrie, soit aux sciences et aux arts, soit à l'agriculture, s'étaient également établies sur le pied le plus satisfaisant. En même temps, il était là, comme il le fut à Brest, et partout, le patron du faible, l'ami du pauvre, le consolateur de toute infortune imméritée. Auprès de lui, sa femme et l'unique enfant né de leur mariage, sa fille bien-aimée l'aidaient de tout leur concours dans ses œuvres charitables. Il avait marié sa fille, comme il s'était marié lui-même, sans songer à se préoccuper de la richesse, se bornant à consulter l'inclination, les convenances, les garanties d'état. C'est ainsi qu'un jeune administrateur formé à son école, devenu chef de son cabinet et son collaborateur intime après qu'il eut reconnu en lui tous les germes, tous les éléments d'un vrai talent, joint aux qualités les plus estimables, ayant fixé le choix de sa fille, M. Sévin n'hésita pas à l'agréer pour gendre. Le bonheur de tous était au comble. Hélas ! ce bonheur ne devait pas durer. La même année,

(1) « Le département de la marine est depuis longtemps un abîme de papiers... Trois, quatre, cinq officiers différents doivent signer un état... . Les comptes sont arriérés de dix années. Ceux de la dernière guerre sont inextricables. (Rapport de M. Malouet à l'Assemblée nationale, en date du 16 avril 1790, tome X. III des Procès-verbaux). Voir, en outre, les mémoires de M. Malouet; et ceux de M. Blouin, intitulés *Remontrances* (1789).

madame Chabrié-Sévin fut enlevée à la vive tendresse de sa famille, à l'adoration de son malheureux père, en donnant le jour à un fils qui lui a survécu. Atteint au plus profond du cœur par ce coup foudroyant, la vie de M. Sévin, à partir de ce moment, s'est écoulée sous le pôids d'une sombre tristesse.

Le séjour dans le lieu même où il avait perdu sa fille unique, ajoutant à l'amertume de sa douleur, il accepta, en juin 1844, d'aller remplacer au port de Brest M. D'Ubraye, admis, sur sa demande instante, à faire valoir ses droits à la retraite. La mort de cet homme excellent suivit de près cette demande. M. Sévin, qui venait de prendre possession du service, prononça sur sa tombe quelques paroles inspirées par les meilleurs sentiments. On y remarque, entre autres, ce passage chaleureux où, appréciant avec justesse les données du moment, et, pénétrant clairement l'avenir, il s'écria : « Et puis, » n'a-t-il pas laissé parmi nous des enfants dignes de lui, et qui déjà » se distinguent dans la carrière qu'ils ont embrassée?... Cette ex- » pression de ma pensée, cher D'Ubraye, tu la redirais toi-même si » déjà ton corps n'était glacé, etc., etc. »

A peine cinq ans s'étaient-ils écoulés, que M. Sévin recevait lui-même, dans plusieurs discours prononcés devant ses restes mortels, et entre autres dans le discours de M. Bonifaccio, interprète éloquent de l'administration de la marine, tous les témoignages dus à ses rares qualités.

Telle a été la vie de M. le commandeur Sévin.

Dans sa première jeunesse, après que la tourmente révolutionnaire l'eut laissé comme orphelin à Versailles, on l'a vu luttant avec un courage intrépide, avec une volonté persistante contre tous les obstacles, pour se créer, lui seul, un état honorable; on l'a vu, dans les phases subséquentes de la carrière qu'il 'était ouverte, avancer lentement, porté par le mérite de ses services, sans vouloir, en quoi que ce fût, faire tourner contre ses camarades et à son profit les amples facilités tout à coup nées pour lui, de la marche des événements politiques. Puis et dans la seconde période, quand il a eu atteint les positions les plus élevées, on a pu remarquer le noble et pieux usage qu'il a su en faire pour venir en aide au malheur, et, en même temps, pour affermir dans toutes les branches où il avait soit action, soit influence, les règles de la probité, les principes de l'ordre et d'une subordination exacte, faisant preuve, partout et toujours, du plus entier désintéressement; si bien qu'après avoir présidé administrativement à l'emploi de sommes considérables pour les services combinés de la marine, des colonies et de l'établissement des Invalides, et après en avoir rendu des comptes restés comme modèles de méthode et de clarté, il laisse madame Sévin sans fortune, sans ressource, autre que le droit à une modique pension (1,000 fr.), et lègue à son petit-fils, le jeune Félix Chabrié Sévin, pour unique patrimoine, l'espoir qu'il lui sera tenu compte, s'il suit ses traces, de tant de services accumulés, de tant et de si beaux titres à la gratitude du gouvernement, au souvenir et à l'appui tutélaire de la haute administration de la marine.

Puisse le gouvernement prendre à cœur de lui donner, un jour, des marques d'une bienveillance spéciale, et ne pas oublier que la vie entière de M. le commandeur Sévin fournit une preuve nouvelle, après tant d'autres preuves, de la justesse de ces paroles consignées au *Mémorial de Sainte-Hélène :* « L'Empereur citait l'administration de la marine pour avoir été la plus régulière, la plus pure (1). »

---

(1) Les sceptiques, s'il en est, pourront aisément se bien renseigner, s'édifier complétement, en demandant à prendre connaissance, *de visu*, soit à la direction des Invalides, soit à la Cour des Comptes, de la distribution individuelle des faibles sommes qui sont payées, à titre de *secours*, et des deniers de la caisse commune, aux familles des personnes de tout rang, ayant autrefois appartenu à la marine. Dans le nombre, ils y verront figurer beaucoup d'enfants d'anciens administrateurs et autres qui avaient exercé de hautes fonctions et qui, après avoir dirigé les grands services du département de la Marine, soit à Paris, soit dans les ports, opéré les liquidations de l'arriéré, manié les intérêts les plus délicats, sont morts sans laisser la moindre fortune. Est ce clair?



FIN.

Paris. — Imprimerie de L. Martinet, rue Mignon, 2.
(Quartier de l'École-de-Médecine.)

www.ingramcontent.com/pod-product-compliance
Ingram Content Group UK Ltd.
Pitfield, Milton Keynes, MK11 3LW, UK
UKHW021020220726
13924UKWH00001B/95

9 782019 278519